만인시인선·90

거울 속의 여자

유가형 시집
거울 속의 여자

만인사

시인의 말

    평생 걸어온 길 뒤돌아보니 은혜 아닌 것이 없다.
    바란광야의 삶의 모퉁이를 돌 때마다 섬세하게 보살펴주셨던 그 신비로움, 그가 하시는 일 알 수 없고 볼 수 없어도 단 하루도 혼자 두지 않으셨다.
    어리석고 무딘 나를 손잡아 이끌어 주셨던 그 자애로움, 그 넓고 깊은 마음이 울먹 울먹거릴 때도 나를 당겨 품에 꼭 안으시고 다독 다독이시며 나는 그의 세살박이 아기였다.

차례

시인의 말 ──────── 5

1

봄을 풀다 ──────── 13
봄안개 ──────── 14
천조매화 ──────── 15
겨울 깊을수록 봄은, ──────── 16
색깔도 바래지 않는 꽃뱀 ──────── 17
첫 새벽 ──────── 18
보디빌딩 ──────── 19
달을 얇게 썰다 ──────── 20
비매의 눈부신 유혹에 ──────── 21
조금만, 조금만 더 ──────── 22
나침판 ──────── 23
8월 ──────── 24
우포늪 ──────── 25
덕유산 야유회 ──────── 26
일어나라 빛을 발하라 ──────── 27

차 례

삶의 부스러기들 ──────── 30
입춘 무렵 ──────── 29

2

극치 ──────── 33
식전 연석회의 ──────── 34
산책 ──────── 35
한반도 ──────── 36
비 맞는 삿갓 ──────── 37
눈 흘긴 추억 ──────── 38
지구의 아우성 ──────── 40
내 등을 탁! ──────── 42
아기 넷을 낳고 돌아보니 ──────── 44
잠깐이라니까요 ──────── 45
이제부터 난 휴가야 ──────── 46
하얀 불륜 ──────── 49
하루살이인걸요 ──────── 50

차 례

3

거울 속의 여자·1 ——— 55
거울 속의 여자·2 ——— 56
거울 속의 여자·3 ——— 57
거울 속의 여자·4 ——— 58
거울 속의 여자·5 ——— 59
팔거천 ——— 60
수묵화 ——— 61
들숨날숨 ——— 62
상록수 ——— 64
아픈 것도 축복이다 ——— 65
비빔밥처럼 ——— 66
당신은 누구예요? ——— 68
내 삶을 튕긴다 ——— 70
발밤―발밤이 ——— 71
3단 폭포 ——— 72

차 례

4

모시 적삼 ──────── 75
찔레꽃 ──────── 76
고향집 ──────── 77
위천국민학교 ──────── 78
얼기미에 내린 ──────── 79
가재미 ──────── 80
곰차 ──────── 81
소똥 ──────── 82
기억의 아랫도리 툭, 치면 ──────── 84
먼 기억의 뒤뜰 ──────── 86
구멍은 다 떼웁니다 ──────── 87
운룡매 ──────── 88

1

봄을 풀다

　겨울의 발끝에서 언 발 녹듯 간질간질 땅을 긁으며 올라오는 실뿌리 위에 얹힌 봄 나는 밤낮 없이 간질거리는 봄을 풀어 놓느라 며칠째 잠을 설쳤답니다 기화요초 생생화화生生化化의 화폭 열려있는 끝자리에 축포 먼저 쏘아대는 봄까치가 깔깔댑니다 꿈속까지 따라와 터트리는 축복의 봄 풍선 양팔 벌린 봄꽃들이 갖가지 발레복을 입고 은실 바람에 가느다란 발끝을 세우고 벌이는 공연장입니다

봄안개

생긴 것은 처음 받은 쌀뜨물이다
그의 몸집은 동동 떠다녀 잡아도 잡히지 않고
산도 꿀꺽 삼킬 만큼 크고 넓은
하얀 세모시 도포 자락의 신비 덩어리다

이것저것 가리지 않고 조용조용 베어먹는
저 놀라운 식성은 어디서 날까?
마구잡이 들이미는 안개의 삼각뿔에 베어먹힌
삼월의 외마디 소리도 듣지 못한 채
하얀 물 알갱이만 떠다닌다
오선지에 내려앉는 새소리도 절터 샘의 원시성도
봄의 꽃진딧물까지 모두가 괴물의 먹이다

소문은 빨라서 피난 갔던
늙은 산도 식솔들 데리고 제자리로 돌아오며
머리 툴툴 털고 허리를 편다

천조매화

봄이 묻은 매화 가지 위에서
노루잠 자던 하늬바람
배시시 눈 뜬다

출렁! 가지 흔드는 새빨간 매화
한 마리, 두 마리, 열 마리, 백 마리, 천 마리
향기 뿜는 저 작은 노란 입 좀 봐!

천상의 새
수없이 날아들어 가지마다 부산스럽다
나의 괭이잠
십 리 밖으로 내쫓는다

겨울 깊을수록 봄은,

　　　　*

극장에 들어간 듯 칠흑같이 어두운 밤 겨울 초입 채찍비가 얼어 공중엔 검은 눈 쏟아집니다 앞도 잘 보이지 않고 방향도 웃음도 잃어버렸습니다 쥐고 있던 나침판도 어디 두었는지 잘 모르겠습니다

　　　　*

밤새 꿈자리 뒤숭숭하더니 난데없이 꿈속에서 마타하리와 폴포트를 만납니다 눈을 꼭 감습니다 휴지도 무서워 한쪽 구석에서 벌벌 떱니다 아무리 추워도 봄은 점점 다가오고 있다는 것을 공기로 느낍니다

　　　　*

하늘엔 어둠이 걷히고 동쪽이 훤해집니다 새벽이 제일 춥듯 추울수록 봄은 가까이 오고 있습니다 공기, 나무, 별, 시냇물 소리에 귀 기울이고 가만히 들어 보세요 저벅거리는 봄의 발자국 소리 희미하게 들립니다 남극의 펭귄처럼 좌우 앞뒤로 똘똘 뭉쳐 한겨울 통과합니다

색깔도 바래지 않는 꽃뱀

희고 검은 시간이 창문을 타 넘는다
하루 한 달, 백년 그 자리가 그 자리
뫼비우스의 띠와 닮았다
앞과 뒤도 시작도 끝도 모르지만 늘 같은 속도
잡아도 잡히지 않는 것이 참 뽈각지다
고래 심줄보다 더 질긴 고집 몸치 한 번 안 하고
굵은 배짱 하나는 그랜드캐니언보다 더 깊다

그의 목숨은 알파요 오메가라 몇 수십억 년 전에도
육지와 바다를 홀랑 뒤바꾸는 놀라운 능력을 보라
뇌물도 통하지 않는 그는
무엇에게나 공평하게 나누어 주는 것이 그의 본질
씹다 뱉어버린 설익은 오디처럼 다시 되새김할 수도 없고
먹은 세월을 핀셋으로 끄집어낼 수도 없는,
뛰어온 시간은 납작하게 등에 말라붙은 파리똥이다
덧없고 마른 세월의 꼬랑지는
간도 맞지 않다

첫 새벽

먼 하늘이 밝은 물들 듯 서서히 열린다
새벽의 비너스 흘러내린 옷자락 사이로
환희와 감격의 울먹거림
파노라마처럼 펼쳐지며 날 세운
한 모금의 전전율률戰戰慄慄은 무엇인가?

지글지글 바닷물 끓이고
첩첩 산등성이 위로 굴러오는 눈부신 태양
동그란 한쪽 눈에 긴긴 속눈썹 붙이고
말간 유리병에 소망을 채우는 아침
시온의 대로가 열리고 마음의 아우토반
탁 트인 고속 질주할 것만 같은,

한쪽 눈빛에 쫓기는 까맣게 구겨진 세상은
어둠의 조무래기들 앞세우고
절망과 실패 후회 아쉬움도 모두 쓸어담아
달아나는 발걸음이 조물주의 신비에 휩싸인다

보디빌딩

얼굴엔 버럭
살굿빛 노을을 토해낸다
마사다* 붉은 요새가
아가위나무 밑둥까지 물든다
구약성서 야곱의 무덤가
피울음 풀어내는 높새바람
두 손 불끈 쥐고
능형근 아래 굽어보는
당당한 처절함이여

아침 풀꽃은 시들고
더욱 맑아지는 영혼
구백육십 명이 삼두박근 흐르는
날 선 근육에 꽃목을 맨다

* 이스라엘의 요새로 로마군에게 항전하던 곳.

달을 얇게 썰다

언제부터인지는 잘 모르겠어
아마도 세월을 배부르게 먹고부터인 것 같아
그래 맞아 난 어린 날 얇게 썬 상상 위에
가난과 송기와 쑥 얹고 쌈 싸 먹었지
하얀 구름이나 단풍잎에 허기 싸고
빨간 목단 꽃잎에 그리움과 뽀얀 미래를 쌌지
달을 따다 얇게 썰어 희망을 싸기도 하고
빈 들에 새벽별 싸기고 하고
당신의 하얀 손바닥 위에 고운 사랑을 얹었지

통시 벽에 까만 천지인天地人에도
부는 바람에도 상한 마음에도 온갖 추억에도
뒷밭의 도망가는 뱀의 등에도
늘어가는 과거를 몽땅 넣어
두루뭉술 쌈 싸 꿀꺽 삼키는 날도 있었지
쌈이란 그리움과 눈물 추억이 켜켜이
감추어져 있어 맛있는 것인지 몰라!

비매의 눈부신 유혹에

머리에 눈도 털지 않고 달려온 2월
사로잠 자다가 얼떨결에 따라 나온 하늬바람도
꽃이파리 사이에서 배꼽춤 춥니다

생강꽃이 창문을 열며
생소한 듯 눈 크게 뜨고 고개 끄덕끄덕
보랏빛 양산 쓴 봄까치도
손발을 까닥이며 박자 맞춥니다

수양버들 가지 끝에
연둣빛 혀를 내밀고 2월의 맛 보더니
동그랗게 방울 맺혀 왔다 갔다
종을 치며 이른 봄을 알립니다

조금만, 조금만 더

눈물도 나오는데 한계점 도달해야 하거늘
뜨거운 냄비의 뚜껑 사이로
회한의 수증기를 뿜고 있다
압력밥솥 추가 발발 떨면서 신호를 보내온다

99도까지 올라오는 데 20년이 걸렸다
사기꾼이 되고 세상 욕을 다 먹어도
그 힘으로 계속 온도를 올렸던 그 끈기

죽을힘을 다하여 마지막 남은,
포기하고 싶은 그 순간 딱 1도 남았다
냄비 밑바닥에서 동그랗게 물방울이 올라온다
곧, 곧 100도다 조금만 더. 더. 더

확 끓어 넘치고 있다!
사기꾼이 거짓말이 끓어 휘발되고 있다
한계점. 100도다!
부정적인 온갖 것들 하늘로 증발되고 있다

나침판

짙은 안개 속 헤매 듯
속이 거름 썩듯 하얀 김 모락거릴 때
빨간 바늘 끝이 가르치는 나침판이 없었다면
난 어디를 헤맸을까?

유혹과 벌레들 우글거리는 길 없는 길을 찾아
무성한 풀숲에서 오리무중 산길 헤매며
여린 청춘이 내달릴 때도
나침판이 가르치는 곳을 따라갔기에
망정이지 자던 소름이 인다

아직도 안개 속 입 벌린 짐승에 쫓겨
울창한 숲속 헤매고 다녔을 나는
가르치는 곳으로만 가라는,
믿고 따라간 파란 신호
든든한 나침판을 손에 쥐고 있었던 거야

8월

가는 무명실 같은 하얀 시골길도 뜨거워
자지러지면서 몸을 뒤집는다 하얗게
말라가는 무말랭이 지원군도 하나 없는 바람도
벌 떼처럼 달려드는 햇빛에 맞서보지만 어림없다
연병장의 초년생 육사 생도처럼
버들잎 하나까지 햇볕 앞에 차렷 자세다
부처님도 웃통을 벗어 던진 지 오래전
며칠 울었던 눈물처럼 물기란 물기 다 가져갔고
검은 비닐도 바위에 앉은 채로 오그라들고
전봇대의 피부도 쪼글쪼글 야위어간다
매미 소리도 불에 덴 듯 자지러지더니
바위도 이마의 땀 손등으로 훔친다

우포늪

태초의 시간 엿 다리듯 졸여진 대지가 놀라 치켜뜬 눈 우주의 섭리와 먼 원시를 신비라는 옷으로 가리고 태초의 그 뭔가가 숨겨진 듯한 오래된 무명 적삼처럼 순박하고 거짓 없는, 차마 고백할 수 없는 비밀이 녹아 있는 듯한 고요가 백 리나 깊은 눈망울 깊이도 알 수 없는 몇 억 년의 시간을 녹여 온갖 수생물을 낳고 기른다 파르스름한 신비의 덮개를 드리우고 가시연꽃이 자라는 눈에는 뭐든 다 흡수할 것 같은 스펀지 같아 어떤 어리광도 다 받아줄 것 같은 순한 불가사의가 모여있는 눈망울에 기쁜 듯 슬픔이 물주름진다

덕유산 야유회

녹우의 허리를 꺾으며
녹음이 출렁거리는 어머니의 품속으로
차 머리를 밀어넣는다

어머니는 무거운 몸을 덕유산 밑으로 옮긴다
산도 따라 걸어 나오는 일곱 마리 눈부신 말,
길고 흰 갈퀴가 반짝인다

보랏빛 안개가 낙지발 밀어넣는 사각 창문
지난 시간의 허리쯤에서 범벅이된
웃음과 눈물 바가지로 퍼낸다

파랗게 갈래 난 혀 내미는 덕유산
자식을 위해 별 따던 장대로 녹우를 쫓으며
덕유산 너머로 사라지는 어머니
십 리 밖에서 달려온 수채화 한 폭
창문에 걸린다

일어나라 빛을 발하라

사자들 득시글거리며 먹이를 찾고
활활 타오르는 풀무불 속에서
살아남은 용사를 보라
얼굴엔 주름 사이를 좁혀 오고
그의 몸은 무늬진 가죽만 남아
엷은 미소가 번져가는 편안한
저 얼굴 보라

몰래 다가오는 뱀의 거짓 헛바닥에
빠진 이빨이며 굽은 어깨 듬성한 머리카락
구석구석 어느 한 곳 성한 데 없지만
배고픈 사자 굴에서
살아남아 웃고 있는 그대여
끝없는 박수를 보내노라

삶의 부스러기들

서녘 하늘이 오랜지빛으로 물들었네
이 세상에서 짧고까불 날도 멀지 않았네

하나 둘 정리하려니 한 푼 두 푼 아껴서 산 물건들 날 빤히 올려다 보네 돌 하나라도 의미와 추억이 있어 꿰차고 살았던 것들 그릇, 책, 상패며 예뻐서 못버린 빈 병까지 새것 같은 이불이며 한복들 한 짐 져도 남을 못잊을 추억만 남았네

온갖 추억 겹겹 묻어있는 아끼던 것들아
풀꽃처럼 잔잔한 내 정겨운 기억들아
내게는 모두가 귀하고 소중했다네

입춘 무렵

봄까치꽃 쪼그만 눈 두리번거리며
기다리는 입춘
도랑가 실버들 귀딱머리 땋는 소리에 놀라
눈 비비며 껌뻑거리는 청개구리

끝 가지에 몸을 여는
매화도 하품하며 졸음을 푼다
파르스름한 가지 끝에
갓 돋아난 아기 대문니 두 개에
2월이 줄을 걸어 왔다 갔다
그네를 탄다

2

극치

백목련이 태어나는 곳도 신화의 맨 꼭대기
꼿꼿하고 뾰족한 붓끝에서 진통 시작이다

저 푸른 하늘을
훨훨 무대로 날고 싶은
하얀 봉황이 태어나는 순간
소리 없이 겪는
살을 찢는 저 아름다운 고통
보송보송 털 커튼을 가르며
눈부시게 하얗고 울고 싶도록
새하얀 봉황이 태어나
날아오르는 극치極致다

식전 연석회의

잎이 떨어진 나뭇가지에
날아다니는 열매들
우— 소리로 열렸다, 떨어지고
우— 소리내며 다시 열리는,
짹짹짹 시끌벅적한 오일장 시장바닥 같네
자연의 소리로 크게 말해도
때가 묻은 내 귀로는 알아들을 수가 없네
저들도 나보다 더 답답할 거야
신기해서 올려다보면 다시 떨어지는 열매들
떨어져도 주울 수 없는 참 신기한 것들
따뜻한 피가 통하는 손톱보다 큰 열매들
셋, 넷, 열씩 모여 고개 까닥까닥이며
식전 연석회의하는가 보다
저 참새들

산책

파르스름한
새벽의 머리에서
설렘이 고봉으로 담긴 새날은
손 닿기에도 민망하다
새벽빛이 등 미는 산책길
엊저녁 내내 키운 내 키가
미루나무보다 더 길다

잠든 강바람이 눈곱을 매단 채 이불 젖히고 일어나고 볼에 닿는 공기의 세포가 낯설다 밤 사이 돋아난 초록 바늘이 이슬방울을 꿰고 있고 새벽하늘 가로찢는 새 한 마리 라벤더향 날리며 새벽빛을 뒤따른다

한반도

비무장지대 4키로미터 넓은 허리띠 매고
너무 꽉 조여 얼굴 창백해진 내 어머니, 울창한
고통 아래 고라니 오리나무 더욱 푸르러라
어머니 물색 이불 덮고 앓으신다
찌릿찌릿 저린 통증 앓으신 지 칠십 오년

허리띠 아래는 넉넉히 입는다 해도
변변한 저고리 하나 없는 윗도리는 어쩌시나?
비료 포대에 담아둔 청솔로 군불 지피고
칠팔월 염천에도 스스로 허리띠 못 푸는
38선에 허리 조인 채 누워 계신
얼굴 빛은 그늘 깊고
발음도 어눌하신 내 어머니 어쩌시나?

거룩한 이름
한반도

비 맞는 삿갓

효도가 소문소문 쌓여 빛이 나더라
까치노을 붉은 윤슬 꿰어 삿갓 언저리 둘러놓고
바다 위에 둥둥 떠 있는 삿갓
내 삿갓, 삿갓
백련마을 앞을 지나던 노인이 쓴 삿갓
멀지 않은 쪽빛 바다 콧등에 떨어졌나 봐
써 본 사람은 다 알 거야
삿갓 안의 세계는 또 다른 세상인 걸

고 작은 세계에서 노를 만들어 살았다고 붙여진 노도* 만리길 유배 온 서포는 구운몽과 사씨남정기를 낳아 모친에게 바쳤다지 솔바람 허밍 들으며 길을 굽돌아 숨이 찬 허묘에는 세월과 허무가 어깨 들썩이다 쪽잠 든다

* 김만중이 유배당한 섬 노도는 삿갓 모양을 닮았다고 삿갓섬이라 부른다.

눈 흘긴 추억

온다는 기별은 있었지만
유야무야 하는 사이 노크도 인사도 없이
맨발로 현관문 박차며 막무가내로 밀고 들어오는
팔십의 횡포에 기가 막히네
아이고! 그러고 보니 물렁물렁 많이도 익었네
팔부 능선을 올라 보니 벌써 해질 녘
지려다 돌아보는 태양도 벌컥 예쁜 노을 토해놓고
손 잡아주던 나무들의 잎도 고운 물이 들었네

올라온 길이 가물가물 보이다가 안 보이다가
꼬불거리는 저 굽은 길을 내가 올라왔단 말이지
싹쓸바람도 되돌아갔을 저 가파른 절벽들
아무 장비도 없이 무식이란 용기 하나로 어찌 용케 올라 왔을까?
덫들에 걸리지 않는 것만도 놀랍네
몸이 굵은 강, 입 벌린 악어는 어찌 피해 왔는지
후~~ 숨이 가빠지네

손 잡고 험한 자갈길 같이 오다가
어둑한 샛길로 들어간 남편을 기다리다
하모니카를 불었고 겉옷 하나 산 것은 눈 흘긴 추억
지나고 보니 몰라서 오른 길이었지
알고는 못 오를 것 같은 팔부 능선 등산길이었네

지구의 아우성

 온난화로 빙산 어디선가 쩍— 금 가는 소리 바닷물로 곤두박질하는 얼음덩어리 외마디 울부짖음 못 견디어 손 놓친 몇 억년의 시간이 소리내며 떨어집니다

 지구도 속이 상해 번개 치듯 폭발하는 화산 놀란 산의 등 벗기며 내리퍼붓는 저 뜨거운 화염 부글부글 바다가 혀로 내미는 거품은 프랑크톤의 원망 섞인 시위 현장입니다

 밖으로 뱉어버린 화염으로 배 꺼진 지구 입 쩍 벌리며 자동차 나무 건물을 먹어버리는 기이한 현상 초강력 돌풍으로 날아간 건물이며 가뭄의 습격과 지진 해일로 차오르는 바닷물 죽지도 못하고 살기도 어려운 섬나라는 어푸어푸 자무라기한 지 오래입니다

 지구 위의 생물을 집어삼키는 이변들 길게 이어지는 산불은 도마도 케찹을 뿌린 듯 빨갛게 타오르고 영화에서나 나올 법한 이야기가 현실이 됩니다

한숨이 쉬쉬 새어 나옵니다 지구의 자정 노력으론 어림도 없겠지요 오늘 밤 마음에서 나부대는 불면은 다독다독 등을 두드리며 자장가를 불러도 보채기만 한답니다

내 등을 탁!

난 여행을 즐기긴 하지만
세월이 보내주는 공짜 여행은 생각해 보지 않았어
상상해 보면 예약도 선금도 안 받고
아프리카나 중남미도 아닌 미지의 하늘과 땅
어디가 동서남북인지 거리가 먼지 가까운지도 몰라
안내자도 동행자도 없이 오직 혼자서만 떠나는 여행
날씨는 어떤지 운송수단이 있긴 있는지
앞서 간 사람들은 어디에서 어떤 일을 하고 있는지
보고 싶은 이들을 만나려면 어디로 가야 하는지
모든 게 하나같이 깜깜이야

아무 정보나 지도도 하나 없는
그냥 지레짐작만 하고 홀로 가는 여행이잖아
음악이 있다고 해도 신날 리가 있겠어
호출신호 울리면 어디서든 속옷 갈아입을 시간도 없이
내 것이라고 믿었던 몸도 하던 일도 내려놓고
몇 그램의 영혼으로 훌훌 떠난다는 것 아닌가

백열등의 희미한 이승의 불빛을 등 뒤로
수많은 사람이 신기해하며 건너갔을
요단강 징검다리를 한 발 한 발 건너가지 않을까?
나설 때는 혼자지만 가서 보면 모여있는
패키지여행처럼 물컹하게 익은 또래가 많을 거야

쌓고 또 쌓다가 허물기 거듭했던 보잘것없는 나의 삶
하늘이 흐트려 놓은 바벨탑을 뒤로 하고
운명의 신 앞에 내 한 영혼 맡길 수밖에 별도리 없지
그것이 나로선 어쩔 수 없는 한계상황이지 뭐야
오랜지빛 노을 쬐고 있는 내 나이 여든의 삶은
그래도 찰기 빠진 안남미 쌀밥 같지는 않을 거야

내 등을 탁!
돌개바람의 넓적한 손바닥에
아유! 깜짝이야

아기 넷을 낳고 돌아보니

낯설고 퍼들퍼들한 서른두 살이 꼿꼿이 서 있고
처음 생긴 태전교 다리 건너 운전면허 학원
수험생처럼 공부해서 십일만에 경북 면허를 얻었지
무늬진 긴 월남치마 펄럭이며 갔던 학원여자 1호
차가 운전하고 싶어 몸 구불텅거릴 때
사업차 오신 손님에게 커피 한 잔 드리고
손님의 고급 승용차를 몰래 끌고 나갔지, 뭐야

동네 한 바퀴 돌고나니 내가 지금 뭘 하고 있지?
화들짝 놀란 나를 지퍼 목까지 올린 긴장이
나를 잡아끌고 집으로 왔어
온몸이 땀으로 절인 김장 배추였지
남편과 손님이 기가 찼는지 할 말도 잃어버린 체
사무실 문을 나와 차를 기다리며 서성이고
일하던 아저씨들은 힐끔힐끔 쳐다보며 수군거렸지
욕망 앞엔 소견머리 체면치레는 오두방정을 떨고
그 때 일 생각날 때마다 얼굴빛은 익은 토마토 같았지

내 삼십대는 꼭 물구나무선 삶이었어

잠깐이라니까요

퍼들거리는 저 검푸른 아청빛 육체를 보세요 힘살이 울룩불룩 세상에 겁날 것이 없죠 뭐든 다 될 것 같은 자신감은 청춘의 전유물이니까요 하늘의 달과 별, 먹구름이라도 잡아탈 것 같은 경험했으니까 그 기분 아시죠?

맨몸에서 잎을 피우며 나무들의 쑥쑥 커가는 저 기상은 하늘을 뚫을 것 같은, 잠시 잠깐 지나가니 그것도 여름 한때란 걸 매미 소리 멈추고 내 몸이 내 말을 못 알아들을 때 손가락 끝에 노을이 깃들고 가을이 짙어서야 그때사 벌써 여름이 지나갔나 하겠지요? 지나고 보니 나도 그때사 알겠더라고요

이제부터 난 휴가야

  1
  낯선 팔십이 수갑도 없이 낚아챌 듯 문밖에 와 섰네
  가 보지 않아도 지레짐작이 타임머신을 타고
  팔십 그 너머로 달려가네
  푸른 하늘의 뭉게구름과 철새도 침침하고
  바람의 빛깔도 숨소리도 우주 돌아가는 소리도 멀어지고
  풀린 태엽처럼 말은 어눌해지고
  걸음걸이는 엉금엉금으로 변하겠지?
  헐떡이며 달려 온 팔십을 탓하거나 원망하진 않아
  남은 세월은 손에 쥔 모래알처럼 빠져 나가는데
  노루 꼬리만큼 남은 나의 시간

  유유자적 야호! 이제부터 난 휴가야
  팔십까지 오게 한 것을 감지덕지 따뜻하게 맞이할 거야
  그동안 어떻게 살아왔는지 알아주지 않아도 괜찮아
  지나친 욕심에 스스로에게 학대하고 불평했다면

나 자신에게 다독다독 용서를 빌고 싶어
몸은 말랑말랑 익어가도 마음은 삼십 구세에 머물고 싶어
세월이 이끄는대로 따라가지 않고
아직은 새로운 것에 열정적으로 도전하며 탐구하고
감성만은 더 익고 싶지 않아
호기심 어린 눈으로 사물의 색다른 면면을 찾고 싶어

2
할머니의 꼬깃꼬깃 돗자리 밑의 구겨진 지폐처럼
주름 하나도 소중하게 맛있게 익어가고 싶어
남은 생 겸허하게 또 감사하며 사랑하며 살고 싶어
휴가라도 사실은 바빠서 눈 감을 시간이 없다고 말할 수 있을 때
바로 그때 예비된 곳으로 가고 싶어
내 여생의 잔고는 얼마나 남았을까?
마구 흔들어 봐도 잘 모르겠어
십 년 아니면 오늘일지 내일일지 어떻게 알겠어

지금부터는 처음 받아보는 휴가야
아무 간섭도 받지 않고 나 하고 싶은대로 하고 사는 거야
어디서든 먹고 싶으면 먹고 쉬고 싶으면 쉬는 거야
때로는 게으름도 부려보고 청춘들 사이에 끼여
그들만이 알 수 있는 것을 공유하고 싶어
그러다가 죽음의 신이 부르시면
어차피 삶은 미완성인 걸 뭐
등에 맨 배낭도 하던 일도 그 자리에 그대로 두고
미련? 후회? 그런 거 하나도 없어
반갑게 기다린 듯 벌떡 일어나 따라나설 거야

하얀 불륜

너와 나 사이
아슬아슬 숨 막힌다
하늘빛 파란 이슬 냄새는
천국과 지옥의 경계선이야
큰 눈망울에 숙성된 슬픔
가득 고이는 환희여!

유혹의 손등에 세워진 칼날 끝
아무것도 모르고 앉으려는 철없는
부전나비 한 마리

하루살이인걸요

몇 억 년 전의 빙하도 무너져 내리는데
백 년도 못살 내 육신 말해서 무엇하리오
영혼이 보채는 하루살이인 걸요

예기치 않은 어느 날 딱 쪼개져
나와 어울리던 사회와 분리해 놓으실지
내 시간이 다 녹지 않을 동안만
애탕지탕 숨 쉬는 것일 뿐이죠
알게 모르게 녹아 없어지는 유빙들
떠있는 유빙의 시간은 한계가 있는 법
하루살이일 뿐이죠

뛰는 메뚜기와 방아깨비는 꼬구제비 넘고
벼잎의 바스락 간지럼 타는 소리
개구리참외 익어가는 소리
풍선처럼 가을의 배가 볼록하지요
깎아지른 산들 겹겹이 키재기하며
주름진 밭을 쭉쭉 펴면서

기우뚱거리며 경작하던
이마의 주름살 위 동네에도
까만 가방 들고 왕진 온
고추잠자리가 잠시 머물겠지요

3

거울 속의 여자 · 1

모처럼 세수하다 앞에 걸린 거울을 보니
볼품없는 할머니 한 분이 날 가여운 듯
가만히 보고 있네

할머닌 누구세요?
놀랐는지 눈도 깜짝 않네

웃음기 가신 얼굴에 탈색된 하얀 머리
혹 귀신인가요? 놀라며 나체로 뛰어나온
소름이 화— 소리를 지른다

아픔의 해일이 휩쓸고 간
흔적들이 갈바람에 나뒹굴고
다랑논을 만드는 논두렁 사이에는
미처 못 빠져나간 세월이 갇혀 있는
데자뷰를 보는 것 같네

거울 속의 여자 · 2

 몇 십 년 전만 해도 저 할머니 공장일 하느라고 하늘 한 번 마음 편히 쳐다보지 못했지. 기숙사 가족들과 한 집에 살면서 그 뒤치다꺼리 하느라고 화장실 가는 것이 유일하게 쉬는 시간이라고 말했거든. 손발이 열두 개라도 모자랐지. 그래 그건 나도 알아. 비좁은 시간 널려가며 잘게 쪼개어 썼다고 했어. 그 와중에도 밤낮으로 봉사도 했지만 그림도 그리고 글도 썼지. 나 같아도 그렇게는 못했을 거야. 수면은 다섯 시간을 넘긴 예가 없었어. 참 건강도 했지. 어떻게 입소문을 들었는지 신문사에서 카메라를 메고 왔더라니까 글쎄!

거울 속의 여자·3

고 삼 수험생처럼 밤낮으로 억척이었지 뭐,
남편은 사법고시 준비하라고 농담까지 했다는데
하긴 간수하는 가족이 얼마야?
자기 새끼 네 명에 양가 세 어른과 여동생 시동생 조카까지
몇 년 동안은 아침밥을 두 번씩했다니까
그때는 두 끼 도시락을 쌌으니까 오죽 했겠어.
시장 보러 가는 외는 바깥은 영 몰랐지, 뭐야!
시장이 가까우면 또 몰라. 구간 요금 내며 오가는
그것도 늦은 저녁 시장이었지.

거울 속의 여자 · 4

하긴 그러니 상도 받았지, 한 일 없이 상은 누가 그냥 주나? 그 후 일이지만 각종 문학상을 비롯해 자랑스러운 시민상 보건복지부 및 정무 장관상 등등 편도 4시간씩 걸리는 소록도를 이십여 년은 다녔을 거야 그곳에서도 감사패를 붙여 왔다고 했지. 고려대 청야 봉사상이나 오운문화재단 우정 선행상은 상금이 상당했대. 자기는 한 푼 쓰지 않고 도리어 자기 것 더 썼다나. 아이고 내참! 너무 감사해서 모두 남에게 주고 싶었대.

얼마 전부터 심신의 화산이 터질 듯 터질 듯 울먹거렸나 봐 온몸과 마음이 다 쑤시고 아프지 않은 곳이 없다고 말했지. 아픈 시간 열여섯 달을 보내고나니 빈혈을 앓은 지붕 서까래가 휘청! 삭아 내려앉았다고 했어.

거울 속의 여자·5

　기둥을 받친 돌도 반란을 일으키고 벽지가 뜯기어 볼품이 없었다고 했지. 시간이 얼마나 걸릴지 알 수 없지만 수리는 해야지 않겠어?

　암~ 그렇지! 하고 말고
　작은 재능을 주신 분께 늘 감사하다고 말하는
　네가 아니니? 아직도 너한테서 풍기는
　맛있게 익어가는 보리똥 냄새가 향기로워.
　입에 발린 말이 아니야. 이건 정말이야!

팔거천

고요에 잠긴 칠곡의 아침 팔거천은
엷은 보랏빛으로 두른 시의 목도리다
옅은 안개가 신비를 더하며
왜가리나 청둥오리가 물주름을 잡으며
호지락 호지락 발로 소리를 따먹고
화장 못 마친 왜가리 속눈썹을 마무리한다
3호선 첫차가 세수한 수건으로
아랫도리 가리고 지나가고 나면
개구리 뒷다리를 입에 건
연인들의 걸음도 빨라진다

물에 빠진 아파트에서
삐져나오는 불빛으로
물 발바닥이 도라지꽃으로 빤작인다

수묵화

난데없이 뛰어온 노대바람
이곳저곳에 앉아있는 헐렁하고 낡은 자루들의
하얀 머리를 휘감는다

할머니는 아직 발이 녹지 않은 이른 봄과
조기 꽁치 바다의 등푸른 냄새도 함께 팔고 있다
바다로 회귀를 포기한 조개는
절규 쏟아내며 모습 그대로
몸 얼어 달그락 달그락 소리낸다

먼저 어두워지고 싶은 고달픔이
낡은 자루 위에서 칭얼거리는
어느 재래시장의 수묵화

들숨날숨

요사이 숨만 들쑥날쑥하며
부부로 한 집에 산 지 오십칠 년
순해 빠진 큰 눈만 껌벅거리는
얼룩송아지 두 마리
가끔 음매~ 한번 발하면
천금 같은 하루가 달아난다

때론 뿔 들이대며
마음의 상처 입히기도 하지만
되는대로 행동해도 걸릴 것은 별 없다
들숨이 그냥 지나치지 못하는 성향인지라
날숨은 콩나물 한쪽에도
비닐이 불에 녹듯 오그라든다

나도 어렵다고 말해도
그래도 우린 밥 먹고 살잖아
그런 분은 굶었대요, 아니면 봤어요?
순한 얼룩송아지의 안쓰러움에 끌리어

그럴 것 같다고 마지못해 동의해 주면
들숨의 늘 하는 말
그래도 우린 삼시 세끼 안 굶고 살잖아!

상록수

   늘푸른 나무도 세월의 먼지에 등이 굽고 점점 푸른 빛을 잃어 가네 하늘도 들어올릴 것 같은 푸른 날의 기상 세파에 푸름 날아가고 멀대같은 노구만 남았네

   시간이 무거워 몸도 휘어지고 정수리 잎은 떨어져 벌바람에도 시리겠네 상한 나뭇가지가 숨 가쁜지 잎 위에 솟아 숨을 고르고 남은 잎 몇 개도 조마조마 마음 조이네

   부드러운 흙으로 뿌리를 덮고 영양주사 꼽아도 상록수는 이름값도 못하고 휘청거리네 어린 매미와 벌과 나비가 날아와 조잘거려도 만사 귀찮은 기색이 역력하네 내 눈만 바라보는 애처로운 저 상록수

아픈 것도 축복이다

일곱 그루 회화나무는 한 뿌리에서 올라온 형제
해와 달이 몸 바꾸고 비바람이 들이쳐도
회화나무 우듬지는 질투 느낄 만큼 화기애애

새로 생겨난 생나무가 백이십여 그루
뷔페식이 아니고는 감당할 수 없는 한 끼 식사
가지마다 잎새를 틔우며 밀고 올라와
계급도 저승에나 있을 법한 난 오성장군이다.

 나이테를 키우던 첫째가 돌개바람에 넘어져 넓은 공터가 생겼고 둘째 회화나무도 반쪽이 부러져 바람 막기에도 버겁다 세월을 과식해 병 들어도 아픈 것도 축복이다

비빔밥처럼

갖가지 나물, 고기와 달걀 넣고 두루두루 섞은 것이 비빔밥 큰 양푼에 오해도 있으면 넣고 없으면 말고 봄날엔 쌉사름한 말투나 아집도 넣으면 제격이지

짜고 싱거운 것도 같이 넣고 치대면 저절로 간이 맞고 한 그릇에서 담겨진 고추장이나 콩나물의 입장도 서로 이해되지

좌 우파 같이 넣고 독약도 적당히 넣으면 중화되어 몸이 낫는 약이 되지 너나 나나 살다 보면 인생 다 그럴 수 있지 뭐 맛이 나지 각각의 다른 맛 서로 조화 이루는 것이 비빔밥이지

기가 차서 목이 콱 막혔을 때도 그까짓 것 뭐 맑은 양보 국물 한 숟가락이면 시원스레 해결되지 실타래처럼 감긴 사람살이 고사리나물처럼 풀리지 않고 엉켰을 때도 젓가락으로 살살 풀어서 서로 끌어안고 한 숟가락 꿀꺽 넘기면 그뿐이지

우리 생은
그렇게 다 지나가는 것
희로애락이 뒤섞여야
감칠맛 더 깊지

그래요? 안 그래요?

당신은 누구예요?

　빛은 일 초에 지구를 일곱 바퀴 반을 돈다고 소리의 속도도 못 쫓아오는 그는 일백 번도 더 돌 수 있지 비행기도 차도 없는 것이 손발도 머리도 없는 것이 빛의 속도보다 더 빠르게 다니다니요

　과거와 미래로 왔다 갔다 부지런을 뜨는, 가소롭다 못해 안쓰럽기까지 하지 히말리야 설산의 수염 잡고 알레스카의 빙판 굴러 미국 유타지방의 돌밭 사이를 지나다가 엘로스톤의 그랜드 프래스매틱에 발을 담갔다가 남미의 융기된 로라이마에 우뚝 선다 싶으면 어느새 악마의 목구멍*에서 목욕을 즐기는 그

　내 곁에 있을 땐 꿈속까지 간섭하는 것은 애교로 봐도 천국에 안식을 누리는 가족과 친구를 소환하기도 하고 친절히 손 잡고 데려다주는 초능력자 온 천지사방을 누비면서 그도 때로는 피곤한지

　컴퓨터 앞에선

곰솥이 다 타도
콕 처박혀 꼼짝도 않는
도대체 당신은 누구입니까?

나 말이요?
멀쑥하게 생긴 생각이란 놈
나 몰랐소?

* 이과수 폭포

내 삶을 튕긴다

귀속에 오래 머문 중모리 중중모리 자진모리 휘모리
화살처럼 빠르다가 느리다가 밑으로 뚝 떨어지다가
다시 튀어오르는 공처럼 아래 위로 출렁거리네

울다 웃다 걷다 뛰다가 엎어지고 또 일어나고
숨바꼭질처럼 술래가 되었다가 찾았다가
화산처럼 솟구쳤다 다시 가라앉는,
언제 그랬냐는 듯 다시 튕겨오르는

내 삶도 저 휘모리장단에 몰려 내팽개쳐지진 않겠지
전쟁터처럼 밀고 밀리던 중중모리 자진모리처럼 숨 가빴
던 시간이 있는가 하면 한풀이춤처럼 수건 풀었다가 감
고 다시 던지고 당기던 무수한 날들

뒤늦게 내 삶이 곧 소 풀처럼 거칠고
달빛처럼 은은하다가 둔탁했다가
바늘처럼 가늘고 명주실처럼 곱고 간드러진
가야금 소리였다는 걸 뒤늦게야 알았네

발밤—발밤이

나의 새벽 운동
멀리 또 멀리 걷는 운동화가 하염없다
세월도 오래되니 등이 굽었나
걷다가 앉았다가 또 앉았다가 걷는다

팔거천 도돌도돌한 물껍질 걷고 들여다 본다
 뭉게구름 두 손으로 꼭 짜면 붉은 물 주루루 하늘에 번지고 하현달 상반신 잃고 절룩이며 가고 있다

소금쟁이 뒷발에 걸려 물껍질 덮으면
신축아파트도 나무도 형체만 있을 뿐
윤슬의 치아만 반짝인다

피라미가 발밤—발밤 파닥인다

3단 폭포

할머니가 풀어놓은 긴 옥양목 허리띠
옥빛으로 겹겹 수 놓인 동그란 복주머니 셋 달린
때 묻지 않은 길고 하얀 끈
제 흥에 겨워 철철철 흥얼거리며
맺혔다 내려오고 맺혔다 흘러내리는

복이 철철 넘쳐 다음 복주머니를 채우고
또 넘쳐 다음 복주머니를 채운다
시끄러운 고요도 함께 넘친다
호박돌보다 천 배나 큰 웅덩이에서 나는 향기가
하늘 냄새를 닮았다

4

모시 적삼

여름밤 굵은 별들이
다투어 내려앉은 저녁 돌담
십 리나 작고 큰 박꽃이 피어있는 그곳엔
바지게 담아둔 적적함도 부푸는 밤이다

벼가 자라는 다락논에는
잘름잘름 개구리 울음 소리 넘치고
흠도 티도 하나 없는 얇고 순박한 꽃
초생달은 적막과 노닥거리고
그림자조차 새하얀 모시 적삼
깊은 고요의 황홀경에 빠져
스르르 눈 감는다

찔레꽃

창호지에 비친 희미한 달빛처럼
있는 듯 없는 듯 바람이
한 호흡 머뭇거릴 때마다
향기만 흩날리던 찔레꽃
오월의 어느날
허리 굽은 세월을 헤집고
가시덤불 속에서 얼굴 내민
얼굴 뽀얀 우리 고모

긴 골목 소똥 주우며 빗자루로 인사하던
무명옷 논둑에 핀 하얗고 맑고 티 한 점 없던
너무 투명해서 오월의 속살까지 다 보이던
흐드러진 찔레꽃 송이송이 주루루 타내리던
고모의 한 서린 눈물
꽃잎은 햇살 밝은 빛을 머금어 눈부셨고
하얀 향이 서러웠던 꽃잎
매미의 울음 속으로 사라진 후
영영 소식은 없었지

고향집

장독 뒤 풀숨대 끝마다 묻어나던
연둣빛 살가움
난데없이 양손 벌려 불쑥 돌아가는 날이면
굽은 허리 툭툭 치며 맞아주던 시골집

햇빛을 담 너머로 싹싹
쓸어내던 고욤나무 가지 끝이 닳아 뭉텅하고
녹색 바람이 내 집처럼 드나들던 돌담
바람을 나무라며
구렁이가 느릿느릿 돌담을 엮어주던 집

돌담 옆에 발을 얹고 기타 치며
목을 까닥거리는 강아지풀들
겹봉선화 진분홍빛이
허리 굽혀 반기는 마당귀에는
제비꽃이 버선발로 뛰어나온다

위천국민학교

칠십여 년 전의 시골 국민학교 졸업식장
재학생의 송사와 졸업생의 답사가 끝날 무렵이면
졸업생 여자 친구들은 한 덩어리 벌떼가 되어
말리는 선생님을 침으로 톡톡 쏘며 윙윙거렸다
이제 떠나면 언제 만나나? 보고 싶으면 어쩌나?
푸념도 섞어가며 등을 치며 윙윙거렸다

상급학교로 진학하는 친구는 한 둘이고
망태에 꼴 베고 소 먹이고 농사일 거들다가
몇 년 있지 않아 거의 시집을 갔다
육 년 짧은 학창 시절도 농번기다 가정 실습이다
제사다 바쁘다 해서 반은 결석하고
헤어짐의 아쉬움 울음으로 대신했던 그날
스스로 고달픈 운명 눈치채고 울었던 걸까?
지금 생각해도 아리송하다

얼기미에 내린

햇볕이 떡가루처럼 쏟아지면
막무가내로 밀고 올라오는 온갖 상념들
가꾼 화초들 뿌리째 먹어버리는
먹성 좋은 우울이란 이 잡초 뭘로 제거하지
쓰잘데기 없는 헛것들끼리 만나 혼인하고
쌍둥이 낳고 동네를 이루었네
유기견들 세상인냥 무리 지어 날뛰고
무성한 잡념은 내 키를 훌쩍 넘었네
독한 약 일 년을 먹여도 뿌리는 그대로
천국의 시골집 찬장에 있던
콩장 두 알 먹였더니 시들시들 자부네
너, 또다시 살아날 거니

가재미

  육이오가 끝났다고 하지만 깊은 산에 자리한 공비*들이 후치**로 시골 마을을 갈아엎고 간다 어둠을 뒤집어쓰고 쌀독 털어갔고 몇 안 되는 소도 소총에 놀라 따라나선다 차돌에 마른 쑥을 대고 불씨 얻어놓으면 겁이 난 불씨도 재 속에 머리를 박는다 피—흉 총소리가 들리고 유격대장이 지시하는 소리가 앞동산에서 들리면 가족은 부엌 바닥에 지느러미를 납작 붙인 가재미다 총알이 등을 지나 아궁이로 들어가면 고막이 터지는 소리를 내며 불이 긴 혀로 가재미 등을 핥았다 밤을 조각내놓은 공비가 물러가고 날이 새면 흙벽엔 총알 구멍이 숭숭 나 있고 어디서 불이 났는지 동네 반을 태웠다 동네 아이들은 윤슬이 떠받힌 바위 밑에 중태기처럼 오글거렸다 전쟁의 끝은 질긴 삼베실 같이 나의 평생을 따라 다녔다

  * 공산당의 유격대
  ** 논을 가는 쟁기

곰차

  반공일이면 앞동산에서 중우*로 아침이슬을 뭉개며 달려 오는 고지기**"동네 사람 모이소~""자갈 부역 나오소~"허리를 뒤로 꺾으며 토해내는 외침에 아침 공기도 선잠을 깬다 하나둘씩 지게 위에 바지게 끼우고 냇가에 도착하면 돌과 모래 건져 무너진 신작로를 높인다

  자갈 위로 굴러가는 배가 나온 낡은 버스는
  뒷꼭지에 꽂은 비녀가 덜컹 풀릴 정도로
  상하좌우로 트위스트 추며 삐거덕 삐거덕 리듬 탄다
  하루 한두 번 다니는 시골 버스에서
  사람 틈에 끼인 옷 잡아당기며
  오랜만에 호-시 한번 잘했다며 내리던 순박한 사람들
  미련스레 많이 실었다고 곰-차라 불렀고
  타작마당 짚북데기처럼 넉넉하고 부드럽고
  헐렁헐렁한 인심이 그립다

 * 바지의 방언
 ** 동네의 궂은 일을 보는 사람

소똥

"어머 이게 소똥 아니야?"
찡그리며 뒤돌아보니 시인하듯
멀뚱거리기만 하던 까만 추억의 교실 한 칸
놀라웠던 입맛을 나만 아는 듯
검은 고무신 신고 넓은 서득들을 노루 뛰듯
집에 오면 우리 할배
"아이고! 저년 장딴지 좀 봐라!
다 큰 가시나가 남이 보면 뭐라 카겠노 어이?"

마른 박바가지 뗀 것을 들고
놉이 일하는 들에 점심 함지보다 앞서지 못하거나
제삿밥을 날이 샌 후에 들고 나르면
"다 큰 가시나 있는 집에 남이 보면 뭐라 카겠노?
머슴아 발가락 새 때만도 못한 가시나가 어이?"

아침에 앞산에 소 뜯기로 갔다가
일찍 들어온다고 다시 쫓겨날 때
"해가 한 발이나 올라와서 왔는데 와카요?

십오리길 학교는 언제 가노?"
울음이 북받칠 때
누가 다 큰 가시나 있는 집이라 카겠노?
남이 보면 뭐라 카겠노 어이?

나는 있고도 없고 없고도 있던
마음 붙일 곳 없었을 때
남의 눈이 키운 나는 납작 엎드려 크는 방석풀
머리에 송이눈 내려도 따라오는 그때 남의 눈 때문에
늘 소심으로 마음을 끓였지만
웬일인지 그 가시나 소리 다시 듣고 싶고
눈이 째지도록 흘겼던
그렇게 미웠던 우리 할배가 보고 싶고 그립다

기억의 아랫도리 툭, 치면

1

쏟아지는 금싸라기 같은 추억의 알갱이들 철거덕 철거덕 베 짜는 소리, 다듬이 소리. 새벽닭 우는 소리, 간간이 들리던 소 요령 소리, 여름밤 개구리 울음 소리, 못골 가마니짜던 사랑방, 보리쌀을 떼끼고 가래떡 만들던 디딜방아, 나무로 세웠던 마을 앞 섶다리, 두꺼운 나무 두 개에 큰 돌을 올려 짜던 기름틀, 삼을 삶던 삼곶, 그 굴뚝에서 감자 구워 망태 메고 소 먹이러 가던 마른버짐 핀 아이들, 올깃쌀, 고염 열매, 소로 돌리던 연자방아, 중태기, 가제 잡던 앞 도랑, 모래로 이 닦던 어른들, 밀, 콩사리, 달집에 저고리 동정 따넣기, 움딸, 자르기 삼 삼기, 멀겋게 끓이던 갱죽에 얼비치던 얼굴, 물오른 송기, 삐삐, 찔레

2

모깃불 피워놓고 평상에 누우면 입으로 쏟아지던 파란 별들, 별똥별 하나가 잡아당긴 듯 떨어지고, 송기 벗기다 떨어져 돌아가신 옆집 아제, 돌담에서 몸을 말리던

구렁이, 초가엔 참새들의 보금자리, 짚신, 나무게다, 가마 타고 시집 오던 새댁, 밤에 몰래 먹던 쌀밥 데리*, 머메 뿌리, 물곳 캐고, 해의 기울기로 맞추던 시간, 봄이면 산나물 보따리 마중 나가던 아제들, 소쿠리에 담긴 보리밥에 달려들던 파리 떼, 상여 나가면 온 동네가 울며 배웅했던 언덕길, 자치기, 공개받기, 고무줄넘기, 말뚝박기, 땅따먹기, 정월대보름이면 지내던 산신제, 그 어려웠던 시절이 복작복작 기억 속에 살고 있다.

* 쌀 한 줌씩 모아 같이 해 먹는 밥

먼 기억의 뒤뜰

어린 날 뛰놀던 바다 같은 넓은 운동장
하늘을 찌를 듯 키 큰 양버즘나무
교문 앞의 집채같은 운동회 아치
높은 돌담과 서득들 논처럼 넓었던 가교실
운동회날 치마끈이 흘러내리고
비녀가 곤두서도록 맨발로 달리던 엄마들
말표 검은 고무신 두 짝 팡팡 치며 외치던
오일장 앞니 빠진 아저씨
비단처럼 고운 아줌마가 앉은 뒤에 걸려있던
유똥 옥양목 물양단 줄베 판백이
구레빠 나이야가라 시시오리 옷감들
쌀을 알아듣지 못하는 언어로 대어주던 싸전 아저씨
침을 삼키던 불티 앉은 동그란 풀빵
그렇게 북적거리던 오일장터
삭은 이빨 누렇게 드러내고 웃고 있다

구멍은 다 떼웁니다

—솥 떼우소, 냄비 떼우소.
  깨진 솥 찌그러진 냄비 아무거나 구멍은 다 떼우소.

큰 풍선 만한 목청 초가지붕 위에서 터진다
부녀자들 크고 작은 구멍 난
양은솥 주전자 냄비 한 줄로 세운다

장작불에 풍구 돌리며 납 녹여
두꺼운 면 쪼가리 위에 동글동글 굴리며
구멍 난 냄비 밖에서 안으로 밀어넣으면
감쪽같이 다 떼워진다

함지박에 곡식 담아 갖다주고
아낙들 얼굴엔 환한 호박꽃 지천이다

운룡매

인도 요가입니다

다리를 비비 꼬고 팔을 치켜올린 자세
구름 속에 머리를 넣고 힘차게 휘저으며
태양을 향해 용솟음하며 솟구치는
한 마리 용입니다

하얀 꽃 비늘 휘날리며
구름 위로 날아오르는 저 숭고함의 극치는
까맣게 구불텅거리는 무한의 힘입니다

가히 일필휘지一筆揮之입니다

만인시인선 90
거울 속의 여자

초판 인쇄 2025년 11월 5일
초판 발행 2025년 11월 10일

지은이 / 유 가 형
펴낸이 / 박 진 환

펴낸 곳 / 만인사
출판등록 / 1996년 4월 20일 제03-01-306호
주소 / 41960 대구광역시 중구 명륜로 116
전화 / (053)422-0550
팩스 / (053)426-9543
전자우편 / maninsa@daum.net
홈페이지 / www.maninsa.co.kr

ⓒ 유가형, 2025

ISBN 978-89-6349-199-8 03810

값 12,000원

* 이 책의 내용의 전부나 일부를 사용하려면 반드시 저작권자나 만인사 양측의 동의를 받아야 합니다.

만/인/시/인/선

1. **이하석** 시집 | 高靈을 그리다
2. **박주일** 시집 | 물빛, 그 영원
3. **이동순** 시집 | 기차는 달린다
4. **박진형** 시집 | 풀밭의 담론
5. **이정환** 시집 | 원에 관하여
6. **김선굉** 시집 | 철학하는 엘리베이터
7. **박기섭** 시집 | 하늘에 밑줄이나 긋고
8. **오늘의 시 동인** | 「오늘의 시」 자선집
9. **권국명** 시집 | 으능나무 금빛 몸
10. **문무학** 시집 | 풀을 읽다
11. **황명자** 시집 | 귀단지
12. **조두섭** 시집 | 망치로 고요를 펴다
13. **윤희수** 시집 | 풍경의 틈
14. **장하빈** 시집 | 비, 혹은 얼룩말
15. **이종문** 시집 | 봄날도 환한 봄날
16. **박상옥** 시집 | 허전한 인사
17. **박진형** 시집 | 너를 숨쉰다
18. **정유정** 시집 | 보석을 사면 캄캄해진다
19. **송진환** 시집 | 조롱당하다
20. **권국명** 시집 | 초록 교신
21. **김기연** 시집 | 소리에 젖다
22. **송광순** 시집 | 나는 목수다
23. **김세진** 시집 | 점자블록
24. **박상봉** 시집 | 카페 물땡땡
25. **조행자** 시집 | 지금은 3시
26. **박기섭** 시집 | 엮음 愁心歌
27. **제이슨** 시집 | 테이블 전쟁
28. **김현옥** 시집 | 언더그라운드
29. **노태맹** 시집 | 푸른 염소를 부르다
30. **이하석 외** | 오리 시집
31. **이정환** 시집 | 분홍 물갈퀴
32. **김선굉** 시집 | 나는 오리 할아버지
33. **이경임** 시집 | 프리지아 칸타타
34. **권세홍** 시집 | 능소화 붉은 집
35. **이숙경** 시집 | 파두
36. **이익주** 시집 | 달빛 환상
37. **김현옥** 시집 | 니르바나 카페
38. **도광의** 시집 | 하양의 강물
39. **박진형** 시집 | 풀등
40. **박정남 외** | 대구여성시 20인선집
41. **박기섭** 시집 | 角北
42. **윤성도** 시집 | 고통과 함께 잠들다
43. **권운지** 시집 | 갈라파고스
44. **김연대** 시집 | 아지랑이 만지장서
45. **윤희수** 시집 | 정곡
46. **김상윤** 시집 | 슈뢰딩거의 고양이
47. **박지영** 시집 | 검은 맛
48. **박영교** 시집 | 춤
49. **이정환** 엮음 | 현대여성시조 21인선집
50. **박진형** 엮음 | 서른 여섯 편의 사랑노래